LETTRE

DE CONDOLÉANCÉ ET DE CONSOLATION

Paris. — Typ ADRIEN LE CLERE, rue Cassette, 29.

LETTRE

DE CONDOLÉANCE ET DE CONSOLATION

A UN JEUNE ENFANT

AU SUJET DE LA MORT DE SON PÈRE

PAR

M. l'Abbé J.-M. BÉCEL

Prêtre du diocèse de Vannes.

PARIS

LIBRAIRIE LITURGIQUE-CATHOLIQUE

ATELIER DE RELIURE

L. LESORT

RUE DE GRENELLE-SAINT-GERMAIN, 3.

1857

A la Mémoire

DE

M. THÉODORE SAINT-B...

MORT LE 12 FÉVRIER 1851.

———

« *Consummatus in brevi...!* »
(Sagesse, IV, 13.)

———

« *Sancta et salubris est cogitatio
pro mortuis exorare, ut a peccatis
solvantur.* »
(2ᵉ liv. des Machabées, XII, 46.)

———

De Profundis !

A MON JEUNE AMI

Georges Saint-B...

« Que le souvenir de votre père ne s'éteigne point dans votre cœur, ô vous qui ne pouvez plus marcher à la lumière de sa pensée, ni enrichir votre âme des trésors de son expérience et de ses conseils ! que sa tombe soit encore pour vous, après sa mort, comme un jalon planté sur la route de votre vie, pour vous montrer le chemin que vous devez suivre et le but auquel vous devez arriver.

» Gardez avec soin, dans votre cœur, la dernière bénédiction de votre père, et ne contristez point son âme, qui vous regarde d'en haut, par des actions qui vous ôteraient l'amour de Dieu ou l'estime des hommes.. »

Dieu veuille, mon bien cher ami, que ce grave et solennel *avertissement* vous soit salutaire ! Je n'ajouterai pas un mot de plus à la Lettre que vous savez écrite depuis longtemps. En la publiant aujourd'hui, j'ai l'intention et l'espérance de consoler quelques cœurs brisés, d'obtenir pour les âmes du Purgatoire d'abondantes prières, et de vous donner particulièrement un nouveau gage de ma plus tendre affection.

Daigne la *Vierge clémente*, dont l'Église célèbre aujourd'hui la mémoire, bénir mes intentions et mes espérances !

Paris, le 2 février 1857, en la fête de la Purification de la B. V. Marie.

LETTRE

DE CONDOLÉANCE ET DE CONSOLATION

A UN JEUNE ENFANT

AU SUJET DE LA MORT DE SON PÈRE

Mon bien cher Enfant,

C'est demain *le 12 février*. J'aime à le croire, cette date de deuil et de trop juste affliction restera gravée, en caractères ineffaçables, au fond de votre cœur. Je m'étais promis de vous entretenir, à l'époque de votre première Communion, de ce souvenir funèbre. Pourquoi craindrais-je de troubler ainsi la joie d'un si beau jour ? Au contraire, je veux vous enseigner le moyen, très-facile, d'ajouter encore à l'ineffable jouissance que vous avez tout lieu

d'attendre de cette solennité sainte et mysté-
rieuse.

Gardez-vous de supposer que je me défie de la
mémoire de votre cœur ! Depuis que j'ai le bonheur d'étudier, avec le plus vif intérêt, la nature
et la direction de vos sentiments, vous m'avez
donné assez de preuves de votre sensibilité et de
votre tendresse filiale. Mais, trop jeune encore
pour comprendre dans toute son étendue l'ir-
réparable perte qu'éprouvait votre enfance,
vous n'avez pu jusqu'ici remplir toutes les
obligations que la mort de votre père vous a
imposées. C'est pourquoi je me fais un devoir
sacré de vous exhorter de toute mon âme à
célébrer, avec une piété vraiment filiale, ce
douloureux anniversaire. Vous retirerez de
cette consolante pratique, digne d'un cœur
sincèrement chrétien, un double avantage,
dont les moyens sont très-faciles.

Mieux que jamais, mon bien cher enfant,
je sais compatir à votre malheur. Oui, quoi-
qu'il me soit impossible de le partager plus
cordialement que je l'ai fait en temps et lieu,
il n'en est pas moins vrai que je sens plus
vivement et plus douloureusement encore tout
ce que vous avez perdu, depuis que Dieu m'a
imposé le même sacrifice, dans le même mois
et presque à pareil jour.

Eh bien, mon cher enfant, puisque nous avons à déplorer la même infortune, mêlons nos larmes et consolons-nous ensemble... Et, comme j'ai sur vous l'avantage de l'âge et de la réflexion; comme j'ai reçu mission d'encourager, de fortifier les bons sentiments dont je verrais votre cœur pénétré, et d'y faire naître, pour les développer ensuite, ceux qui ne s'y trouveraient pas encore; c'est à moi de parler pour nous deux; il m'appartient de vous dire quelles doivent être la nature et l'intensité de nos regrets, jusques à quand doivent couler nos larmes, et comment il est possible — facile même — de les rendre méritoires pour nous et pour ceux que la mort a ravis à notre amour filial et à nos pressants besoins.

I

Avec quelle facilité on oublie! La vie n'est qu'une ombre qui fuit; la mémoire s'évanouit plus vite encore; et si les plus justes douleurs font jaillir de nos yeux un torrent de larmes, ce torrent se précipite. La Mort n'a fait que passer, et déjà il n'est plus.

Au reste, cette sensibilité tout extérieure, plus ou moins naturelle suivant la disposition du tempérament, ne doit pas être la règle de notre chagrin, la mesure de notre affliction dans des épreuves aussi déchirantes que celle que nous avons subies l'un et l'autre, avec la résignation qu'un chrétien doit toujours montrer en s'inclinant humblement sous la main d'un Dieu juste et bon.

Trop souvent, hélas! nous bornons nos regrets à quelques vains simulacres de désolation, lorsque nous avons vu passer la Mort emportant quelqu'un de nos proches... douleur bien éphémère, bien vite adoucie, puis sacrifiée, comme de gaieté de cœur, à l'ensorcellement des affaires ou à l'enivrement des plaisirs... douleur bien inutile aux pauvres défunts, mille fois trop insuffisante pour nous acquitter envers eux... Et, cependant, c'est là le deuil du monde... Il coûte, en général, de grands efforts... tout au plus si l'on en garde l'apparence jusqu'au temps — déjà si court! — fixé par la froide étiquette de la coutume.

Ce n'est point ainsi qu'un cœur bien né doit déplorer la perte de ses parents. Ce n'est point ainsi qu'un enfant peut payer son tribut d'affliction à la mémoire de son père... Ce n'est point ainsi que des chrétiens devraient honorer ceux des leurs qui ont quitté ce monde périssable.

A quoi bon ces pleurs que nous donnons aux morts, toute la magnificence qui se prodigue à leurs obsèques? Pourquoi toute cette ostentation funèbre? Que sert-il de se couvrir d'habits de deuil, d'afficher une vaine tristesse, limitée par l'usage, si, au fond et dans la réalité, le cœur reste froid et à peu près impassible?.. Pris et considérés ainsi, tous ces accessoires, si pompeux qu'ils soient, que valent-ils? Que faut-il penser de ces démonstrations de commande et de *savoir-vivre?*

Pauvre cœur humain! que tu réussis merveilleusement à nous offrir, jusque sur le bord d'une tombe, le contrastant étalage de ta vanité!.. Que n'es-tu plus habile encore à dissimuler de trop longs ennuis!...

Mais, cher enfant, Dieu me garde de prononcer la moindre condamnation! Aussi bien je n'ai voulu que déplorer des faiblesses d'autant plus déplorables qu'elles sont plus communes. Encore un coup, ne condamnons personne, nous estimant heureux de n'avoir point reçu cette mission, toujours si pénible à remplir. Ce qui nous importe, c'est de fixer nos idées et nos sentiments sur les devoirs d'un chrétien envers les morts, et particulièrement envers ceux dont la voix de la nature et du sang lui ordonne de vénérer la mémoire.

Or, voici la règle à suivre dans ces cruelles épreuves :

Conformons-nous avec simplicité, sans exagération, aux formalités extérieures que réclament le monde et les coutumes qu'il a établies ; mais, par devers nous, consultons notre cœur et laissons-lui le soin et l'ordonnance de ces pompes funèbres d'une autre sorte, qui consistent à consacrer à nos chers défunts un culte religieux intérieur et profitable.

C'est la Religion seule qui peut mettre des bornes raisonnables à notre affliction, en nous consolant par ces douces paroles qui apportent à l'âme une suavité toute céleste : — « Ne pleu» rez pas comme ceux qui n'ont point d'espé» rance!.. » Est-ce donc un si grand mal de mourir quand on est chrétien ? Et même, tout bien considéré, « il n'y pas de quoi en ce monde, pour souhaiter à ceux que nous aimons d'y demeurer beaucoup ; et il est si misérable, que nous devrions plutôt louer Dieu, quand il les en ôte, que non pas nous en fâcher*. »

* S. François de Sales.

Ce qui ne veut pas dire que la Religion condamne les larmes qui jaillissent de nos yeux, ni les sanglots qui s'échappent de notre poitrine, quand Dieu nous frappe au cœur d'un de ces terribles coups, qui sont le signal d'une séparation si douloureuse. Oh! non, elle ne nous désapprouve pas! C'est une bonne et tendre mère qui nous prend en pitié. Que dis-je! non contente de voir avec attendrissement cette sensibilité naturelle, elle l'adoucit, en la fixant dans de justes limites, sans lesquelles ces lamentations se traduiraient en injustice envers la Providence, et dégénéreraient en conséquences funestes à l'âme et au corps.

D'ailleurs, toutes les fois que la Religion prend la parole, n'est-ce pas pour plaider nos intérêts? Oh! qu'elle est attendrissante, lorsqu'elle fait entendre sa voix à une personne affligée qui pleure sur un tombeau! Elle connaît trop bien les besoins d'un cœur brisé, pour imiter ces vains-compliments de condoléance qu'une douleur profonde ne saurait accepter, si même ils ne l'aigrissent pas. Seule, la Religion propose de vrais motifs de consolation; seule, elle a le secret d'inspirer cette résignation chrétienne qui va jusqu'à nous incliner avec reconnaissance sous la main de Celui qui toujours a le droit de nous châtier ou d'éprouver notre vertu.

— Mon enfant, nous dit-elle, *courage et soumission !* C'est ainsi que le Chrétien doit répondre, en toutes circonstances, aux épreuves et aux tribulations de la vie. Soyez bien persuadé que Dieu agit toujours dans des vues de bonté et de miséricorde envers ses faibles créatures ! Il leur a donné trop de preuves de sa sollicitude et de sa tendresse, pour qu'elles fussent en droit de soupçonner ses intentions, et de se défier de sa providence. Tout ce que Dieu fait est juste et bon ; jamais il n'agit sans motif : et, s'il a le pouvoir de vous imposer les plus pénibles sacrifices, de briser vos affections les plus douces et les plus légitimes, de vous priver de tout, de la vie même ; puisque vous ne possédez rien qui ne soit un don de ses mains, — ne craignez pas qu'il en abuse. Il faut dire plus : l'homme a la vue bien courte ; et Dieu connaît mieux que personne ce qui vous est bon et ce qui vous est funeste. S'il vous afflige, c'est que vous le méritez, ou qu'il veut vous offrir une nouvelle occasion de purifier vos intentions et de sanctifier vos voies. C'est un bon père qui ne vous châtie que parce qu'il vous aime, et qu'il ne veut pas vous laisser oublier que la

vie est un temps d'épreuves, après lequel
viendra la récompense promise aux serviteurs
fidèles. Sachez donc vous résigner de bon
cœur à ses impénétrables desseins. Suivez,
avec courage et confiance, le chemin des
peines et des afflictions de toutes sortes dans
lequel Jésus-Christ a porté sa croix, au milieu
de plus de tribulations, d'angoisses, de délais-
sement, que le plus malheureux des hommes.
La route du Calvaire conduit au ciel. « Être
chrétiens, c'est être imitateurs de Jésus-Christ.
—En quoi pouvons-nous l'imiter que dans ses
humiliations? Rien autre chose ne peut nous
approcher de lui. Comme tout-puissant, nous
devons l'adorer; comme juste, nous devons le
craindre; comme bon et miséricordieux, nous
devons l'aimer de toutes nos forces; comme
humble, soumis, abject et mortifié, nous
devons l'imiter... * »

II

C'est par de semblables considérations que
la Religion nous inspire la force de maîtriser

* Fénelon.

notre douleur. Vaincue par la grâce, la nature annonce elle-même sa défaite, par ces mots tombés des lèvres d'un Dieu : « Notre Père, » qui êtes aux cieux,.... que votre volonté soit » faite!... * »

Tout est dit.

Je me trompe immensément!... Et le moment est venu d'exposer, en partie, les dogmes attendrissants dont nous avons déjà touché un mot, en rapportant cette exhortation si pleine de tendresse et de consolation : « Ne pleurez » pas comme ceux qui n'ont point d'espé- » rance!... » — Ce que je peux interpréter ainsi, m'adressant à vous, cher enfant :

— La mort vous a ravi un être bien cher!... La cruelle qu'elle est! impossible qu'elle soumît votre enfance à une épreuve plus douloureuse, plus déplorable... Livrée à ses seules inspirations, la voix de la nature ne saurait trouver, pour répondre à des coups si terribles, que les cris de l'indignation ou les lamentations du désespoir. Mais la Foi, mais l'Espérance chrétienne vous ont parlé un langage tout différent. Elles vous ont dit : — Inclinez-vous avec la plus entière soumis-

* S. Matth., vi, 9, 10.

sion, cher enfant, devant les impénétrables arrêts de la Providence. Si la Mort est venue vous visiter dès le matin de votre vie, sachez qu'elle n'a fait qu'exécuter les ordres de Celui qui s'est réservé le droit de nous l'envoyer *comme un voleur*. Et, après tout, que lui est-il revenu de ce sacrifice qu'elle a consommé si prématurément? Quelques grains de poussière qui devaient, tôt ou tard, suivre la loi commune; je veux dire être ensevelis sous la pierre d'un sépulcre...

> « Qu'est-ce donc que l'instant où l'on cesse de vivre?
> « L'instant où de ses fers une âme se délivre.
> « Le corps, né de la poudre, à la poudre est rendu;
> « L'esprit retourne au ciel, d'où il est descendu !...* »

Toutefois, il y a des réserves à faire à ces belles paroles du poëte. Ce n'est pas toujours au moment même où l'âme du juste brise les liens qui la retenaient captive dans son corps de boue, qu'elle s'envole dans le sein de Dieu, pour s'y enivrer à jamais des inaltérables douceurs du Paradis. Il peut se faire qu'elle ne soit pas purifiée de toute souillure, en quittant cette terre, où il est même si difficile de se garer des éclaboussures de toutes les

---

* Louis Racine.

passions qui se disputent avec tant d'achar-
nement l'empire du monde... Dans ce cas, la
justice divine l'arrête à la porte du ciel, et
lui fait attendre sa récompense dans les supplices d'une juste et plus ou moins longue
expiation. Il est écrit que « rien de souillé
» n'entrera dans le royaume des cieux *. »

Or, il dépend de nous de soulager, par
notre piété, ces pauvres âmes qui endurent
des tourments inouïs dans le Purgatoire; bien
qu'elles y soient soutenues de l'assurance d'en
être dédommagées, au delà de toute compa-
raison, par la possession de Dieu, dans l'enivrement calme, incessant, éternel, toujours
ancien et toujours nouveau, de ces délices
« que l'œil n'a point vues, que l'oreille n'a
» point entendues, que le cœur n'a jamais
» conçues... ** »

« Ce parent, cet ami qui vous fut cher,
dit saint Jean Chrysostôme, vous avez sujet
de craindre qu'il ne soit pas encore admis au
séjour des récompenses. La tendresse de votre
cœur voudrait adoucir ses souffrances. Vous
le pouvez, oui, vous le pouvez, si vous le
voulez!... »

* Apoc., XXI, 27.
** II. Ép. aux Cor., II, 9.

III

Ne passons pas trop légèrement sur ces vérités que la Foi nous enseigne, et dont, néanmoins, une partie du monde se rit, pendant que l'autre n'y pense guère.

Il est de foi, 1º que les justes qui meurent sans avoir entièrement satisfait à la justice divine, doivent satisfaire après cette vie, par des peines temporelles qu'on appelle les peines du Purgatoire; 2º que les âmes du Purgatoire trouvent du soulagement dans les prières de l'Église.

Voici quelles sont, sur ce point, les décisions du Concile de Trente : « Si quelqu'un dit qu'à tout pécheur pénitent qui a reçu la grâce de la justification, la coulpe est tellement remise, et la peine éternelle tellement abolie, qu'il ne lui reste plus de peine temporelle à souffrir en ce monde ou en l'autre, dans le Purgatoire, avant d'entrer dans le royaume des cieux, qu'il soit anathème. » — L'Église catholique, instruite par le Saint-Esprit, a toujours enseigné, suivant les saintes

Écritures et l'antique tradition des Pères, dans les saints Conciles, et tout récemment dans ce Concile général, qu'il y a un Purgatoire, et que les âmes qui y sont détenues reçoivent du soulagement par les suffrages des fidèles, et principalement par le sacrifice de l'Autel, toujours agréé de Dieu. C'est pourquoi le saint Concile ordonne aux Évêques d'avoir soin que la saine doctrine touchant le Purgatoire soit enseignée et prêchée partout, afin que les fidèles y tiennent et la professent telle qu'elle nous a été transmise par les saints Pères et les sacrés Conciles... »

« C'est donc une sainte et salutaire pensée
» de prier pour les morts, *afin qu'ils soient*
» *délivrés de leurs péchés...* * »

Hé! qui peut vous assurer, mon cher enfant, que cette invocation lamentable, toute pleine d'espérance, et qui arracherait des larmes de compassion au cœur le plus dur, ne vous est pas adressée du fond des abîmes où la justice triomphe de la miséricorde : « Ayez pitié
» de moi, vous au moins qui êtes mes amis ;
» ayez pitié de moi, car la main de Dieu m'a
» frappé... ** »

---

* Mac., xii, 46.
** Job, xix, 21.

Si c'était votre père qui demandât à son cher enfant de lui faire l'aumône de sa prière ! Supposez, en tout cas, cet appel à votre tendresse, aujourd'hui, demain, toujours.... Dites, du fond du cœur : — Oui, mon père, je vole à votre secours; je prie, je supplie le Seigneur des miséricordes infinies de vous ouvrir le ciel... Que ma prière que mes lèvres expriment trop faiblement, fléchisse enfin le courroux de Dieu! Mon père, mon tendre père, soyez heureux, si jusqu'à ce moment il vous était encore resté quelques dettes envers la justice de Celui qui va devenir votre récompense. Oh ! qu'il m'est doux de penser que cette ardente supplication suffirait, peut-être, pour délivrer mon père de ce lieu de tourments, et le conduire à la félicité du ciel! Tous les jours de ma vie, toutes les fois que j'aurai le bonheur d'entendre la sainte Messe, je rendrai à la mémoire de mon père ce culte religieux, qui va si bien à mon cœur... S'il était inutile, comme je l'espère, à celui qui en est l'objet direct, je le reverserais virtuellement sur ceux de mes parents et de mes amis qui pourraient avoir besoin d'un avocat auprès de Dieu!!!

IV

C'est ainsi, cher enfant, que vous remplirez un de vos plus sacrés devoirs. Je vous en conjure, n'oubliez jamais, en général, ces pauvres âmes du Purgatoire !... Il est si doux et si consolant de s'intéresser à ceux qui souffrent, surtout quand on sait qu'un pauvre patient ne peut rien faire par lui-même pour soulager son mal ! Or, la Foi nous enseigne qu'au delà du seuil de l'éternité l'homme est impuissant à acquérir aucun mérite. Ceux que la mort surprend avant qu'ils aient pleinement satisfait à la justice de Dieu, subissent donc inexorablement la condamnation dont ils sont atteints, à la terrible entrevue qui sépare pour tous les hommes le temps de l'éternité. Toutefois, hâtons-nous d'ajouter que la miséricorde du Seigneur s'empressera de commuer leur peine, en proportion de la part qui pourra leur revenir dans les bénéfices spirituels de la Communion des Saints.

La Communion des Saints ! « C'est-à-dire le Ciel qui s'intéresse pour la terre ; la terre pour le Purgatoire ; les membres vivants pour

les membres morts ! » Dans nos leçons de ca-
téchisme, nous avons expliqué, avec détails,
cette réversibilité des mérites, et indiqué tous
les moyens de ce libre échange spirituel :

Le sacrifice la messe, « qui sanctifie la terre,
étend sa vertu jusque dans l'autre monde et à
l'efficacité duquel l'endurcissement des dam-
nés et des démons peut seul résister ; »

La prière;

Toute espèce de bonnes œuvres,

Enfin *l'inépuisable trésor des indulgences.*

Ce dernier mot a servi de texte aux sar-
casmes de l'incrédulité : souvent encore il
excite le sourire de l'indifférence ; et même le
commun des chrétiens n'en connaît pas la si-
gnification bien exacte, et, partant, il se prive
de participer à ces économies de mérites que
l'Eglise conserve à la disposition et pour les
besoins de tous ses enfants.

En traitant de la Pénitence dans nos entre-
tiens religieux, je vous ai développé quelques
notions élémentaires sur cet important sujet.
Pour aujourd'hui, rappelez-vous seulement,
ce que nous avons dit bien des fois, qu'il est
possible, dans certains cas, de gagner les indulgences à l'intention des âmes du Purgatoire. Cette assurance me conduit directement
à vous révéler le secret que je vous ai annoncé

à la première page de cette Lettre. Vous devez être impatient de connaître le moyen d'ajouter une satisfaction de plus aux si douces émotions de votre première Communion.

V

J'essayerais vainement de peindre ce qui se se passera dans votre âme au moment de cette auguste et touchante cérémonie, si pleine de poésie, mais d'une poésie toute céleste, qui agite l'esprit sans le troubler, qui dilate le cœur au souffle de la grâce. Vos parents, tous les fidèles présents à cet incomparable spectacle, partageront votre bonheur ; ils vous assisteront de leurs vœux et de leurs prières. Que vous serez heureux, que vous serez beau, lorsque montant à l'autel du sacrifice de l'Agneau sans tache, vous en rapporterez, pour la première fois, dans le temple de votre cœur, Celui « qui fait ses délices d'ha- » biter parmi les enfants des hommes * ! » » Avec quelle pieuse impatience votre tendre

* Prov., viii, 31.

mère n'attendra-t-elle pas la fin de cette an-
gélique cérémonie pour recevoir dans ses bras
son cher enfant! Je la vois qui vous couvre de
ses baisers, en versant des larmes d'attendrissement. Je l'entends qui vous recommande,
avec une émotion bien juste et bien naturelle,
de ne jamais oublier un Dieu si bon, si aimable,
si libéral dans ses dons!...

Mais, hélas! mon pauvre enfant, que vais-je
ajouter!... Vous n'ignorez pas qu'il manquera
quelqu'un à cette scène de famille!...

En ce moment où le cœur de votre mère
sera partagé entre la tristesse et la joie, que
votre âme s'envole, par la vivacité de ses dé-
sirs et de ses sentiments, au delà des bornes
de l'espace et du temps! Qu'elle porte à *celui*
dont l'absence vous sera plus sensible encore
ce jour-là, le serment d'un souvenir impéris-
sable!... Et lorsque vous serez revenu de ce
pieux pèlerinage, qui ne vous demandera que
le temps d'un profond soupir, nous nous age-
nouillerons ensemble devant un crucifix pour
réciter la prière suivante; je n'ai pas besoin
de vous dire à quelle intention :

« O bon et très-doux Jésus! je me prosterne
à genoux en votre présence, et je vous prie et
vous conjure, avec toute la ferveur de mon

âme, de daigner graver dans mon cœur de vifs sentiments de foi, d'espérance et de charité, un vrai repentir de mes égarements et une volonté très-ferme de m'en corriger; pendant que je considère en moi-même et que je contemple en esprit vos cinq plaies, avec une grande affection et une grande douleur, ayant devant les yeux ces paroles prophétiques que prononçait déjà le saint roi David : *Ils ont percé mes mains et mes pieds : ils ont compté tous mes os...* »

VI

Par cette prière, dite devant un crucifix, tout fidèle qui vient de communier avec les dispositions requises, peut obtenir une indulgence *plénière*, applicable aux âmes du Purgatoire : c'est-à-dire qu'il est possible de faire passer immédiatement une de ces pauvres âmes de ce lieu de supplices au séjour de l'immortelle paix... Oh ! la douce, la consolante espérance ! Est-il sur la terre une jouissance comparable à cette jouissance ? Et qu'il est facile de se la procurer !... O vous, cœurs

tendres, généreux et dévoués, qui ne balance-
riez pas à exposer, à sacrifier votre vie pour
sauver un de vos semblables, écoutez la voix
lamentable des fidèles trépassés ; sachez-le
bien, les trésors inépuisables de la divine miséricorde sont ouverts devant vous. Demandez
ou plutôt acceptez ces grâces abondantes, efficaces, avec lesquelles vous rachèterez les infortunés captifs de l'*Église souffrante*. Oh!
pensez-y bien ! une élévation de votre cœur
vers Dieu, il n'en faut pas davantage pour les
soulager, peut-être pour les conduire à la
gloire où ils aspirent et dont la privation, se-
lon le sentiment des docteurs, fait leur plus
cruel tourment. « Ici-bas, le désir du bien suprême est continuellement affaibli, contrarié,
souvent même entièrement éteint par les sol-
licitudes auxquelles on s'abandonne, par les
passions qui tyrannisent ; mais dans l'âme
dégagée du poids de son corps, ce désir re-
prend toute sa vivacité. Du fond de la prison
où elle gémit, elle voit le ciel qui doit être un
jour sa demeure ; elle entrevoit le Dieu de ma-
jesté et elle s'élance vers lui avec violence ;
mais Dieu la repousse et la laisse languir au
sein des tourments... » Oh! la pénible, la
cruelle répulsion ! Et c'est elle qui trouble et
qui torture à tout moment les âmes du Pur-

gatoire... Et c'est vous, âme chrétienne, qui pouvez, qui devez briser leurs fers et leur prêter les ailes de vos prières et de vos bonnes œuvres pour qu'elles prennent leur vol vers la *sainte Montagne.* Oh! que d'actions de grâces, que de bénédictions elles répandront sur vous du haut des cieux! Les voyez-vous humblement prosternées au pied du trône de Dieu, vous rendant au centuple ce que vous aurez fait pour elles? Elles vous suivront pas à pas dans la vie, comme autant d'anges tutélaires; et si, au moment de votre mort, elles vous voyaient tomber dans ces ténèbres affreuses d'où vous les auriez arrachées, oh! c'est alors qu'elles redoubleraient de supplications efficaces... c'est alors qu'elles feraient à Dieu une sainte violence... c'est alors que, touchées, comme on peut l'être au ciel, de la plus parfaite commisération, elles vous payeraient en retour, avec une ineffable reconnaissance, de votre humanité, de votre pieuse charité. Oh! non, au ciel on n'est point ingrat... L'*Église triomphante,* tout en célébrant avec ivresse les louanges de Dieu par les chants les plus magnifiques d'une ravissante harmonie, s'intéresse, avec une incomparable sollicitude, à l'*Église militante* et à l'*Église souffrante.* Oui, elle est indissoluble, cette

Communion des Saints, à nulle autre pareille, dont les membres ne font véritablement qu'un cœur et qu'une âme; aspirant à l'envi à la sanctification du nom du Seigneur et à la jouissance, une et indivisible, de la félicité que Dieu prépare à ses élus dans la paisible et immuable harmonie de l'éternité...

Nous qui combattons les combats du Seigneur au milieu de tous les dangers de cette vie misérable, du fond de notre exil, invoquons les suffrages de ceux de nos frères qui nous ont devancés dans la patrie : encourageons-nous de leurs exemples et comptons avec assurance sur leur protection puissante.

Mais, n'oublions pas ceux des nôtres que « le Juge a livrés au ministre de la justice, » et qui ont été mis en prison *; » dans cette horrible prison du Purgatoire, « d'où ils ne » sortiront point, qu'ils n'aient payé jusqu'à » la dernière obole **; » si quelque âme charitable et compatissante ne s'empresse d'offrir au Dieu vengeur de toute iniquité le prix de leur rachat.

Et, « dans l'ignorance où nous sommes des jugements du Seigneur, il vaut mieux, sans

---

* S. Matth., v, 25.
** S. Matth., v, 26.

aucun doute, faire pour de saintes âmes déjà reçues dans son sein, des prières superflues, que de nous exposer à manquer aux prières qui pourraient encore les secourir. * » Il y a plus : « Nous devons prier généralement pour les âmes de tous nos frères, pour tous les membres défunts de la société chrétienne, afin que ceux auxquels ni père, ni mère, ni époux, ni épouse, ni frère, ni enfant, ni amis, ne rendent ces derniers devoirs, les reçoivent tous ensemble de l'Église, leur commune mère **. »

Oui, la charité, notre intérêt, Dieu nous l'ordonne ; et notre cœur nous y invite avec une éloquence irrésistible.

VII

C'était là mon secret, cher enfant. Jugez si je n'ai pas eu raison de vous l'annoncer comme un complément véritable du bonheur de votre première Communion. Tant il est vrai

* S. Augustin.
** S. Augustin.

que la Religion a des consolations efficaces pour les vivants et pour les morts. Qu'elle est bien en rapport avec les besoins de notre pauvre cœur! Quand tout semble désespéré pour nous; dans les positions les plus déchirantes de la nature, la Religion vient qui nous console, nous soutient, nous ranime, nous réjouit. Oui, elle nous réjouit, puisqu'elle nous rend, par l'espérance, ceux dont nous n'avons pu conserver sur la terre que « ces misérables restes qui n'ont plus de nom dans aucune langue; » puisqu'elle nous procure la facilité de soulager, de *racheter* ces infortunés captifs, qui languissent, qui souffrent d'une façon si cruelle dans l'épouvantable esclavage où les retient le bras vengeur de la suprême justice. Que cette vérité va bien à mon cœur! La douce obligation, l'inestimable avantage que cette communauté de biens spirituels entre tous les membres de la sainte Église! Oh! oui, très-cher enfant, prions, tous les jours et de tout notre cœur, pour les âmes du Purgatoire! « Versons nos larmes avec nos prières, » disait Bossuet... Vivons de l'espérance de retrouver bientôt — en ce jour qui n'aura pas de mauvais lendemain — tous ceux dont nous avons à déplorer la mort.

Vivez encore d'une autre espérance, d'une

autre intention, que votre cœur s'efforcera toujours de réaliser, j'en ai l'intime persuasion; je veux dire de l'espérance et de la ferme résolution de faire tous vos efforts pour procurer à votre bonne mère la plus grande somme de consolations et de jouissances qu'il vous sera possible... Vivez de l'espérance d'être bien utile, plus tard, à votre aimable petite sœur... Vivez de la douce satisfaction que vous éprouverez à la protéger dans sa jeunesse, à lui donner vos soins affectueux et tout paternels...

La pauvre enfant! elle ne sait pas son malheur... Et quand elle sera en âge de le comprendre, elle ne retrouvera qu'imparfaitement dans ses souvenirs les traits de celui dont elle aimerait tant à se retracer l'image... Plus heureux qu'elle en cela, mon enfant, vous lui parlerez souvent de toutes les bonnes qualités de votre père... Vous savez combien il était tendre et sensible, combien il vous aimait, quel soin il prenait de votre enfance! Vous aimerez à prier ensemble, avec attendrissement, à la même intention. Par là même vous consolerez utilement vos regrets... Vous ferez comprendre à cette bonne petite fille qu'elle doit s'attacher d'autant plus tendrement à sa mère, et se bien garder de la

contrister davantage... Vous ne manquerez pas
de lui prêcher, de parole et d'exemple, la plus
parfaite soumission, l'attention la plus em-
pressée et la plus sincèrement filiale.

Tel est pour longtemps le cercle naturel —
hélas! trop rétréci — de vos plus intimes sentiments. Vous n'en serez que plus fidèles, l'un
et l'autre, à reporter sur votre famille entière
une affection parfaitement juste dans ses motifs, douce et pure dans ses effets. Vous vous
estimerez heureux de vivre si bien entourés,
sous les yeux d'une respectable grand'mère qui
vous aime avec la plus vive tendresse et pour
qui votre présence sera toujours un sujet de
joie, puisqu'elle verra revivre en vous son
cher enfant.

Il vous reste donc bien des éléments de bonheur, mon cher enfant. J'en loue et bénis
Dieu! Je vous ai révélé une mission des plus
agréables et des plus touchantes à l'égard de
votre chère petite sœur. Cette mission délicate,
vous la remplirez parfaitement, avec l'aide
de Dieu. Un chrétien doit mettre cette condi-
tion à tous ses projets : là est le pôle de ses
espérances et de sa force.

Paris. — Typ. Adrien Le Clere, rue Cassette, 29.